Sigrid Heinzmann

Zauberhafte Ideen aus Schmelzolan

AUGUSTUS

Inhalt

Material und Hilfsmittel

Schmelzperlen aus Kunststoff (Polystyrol) feiern ein furioses Comeback. Bereits in den siebziger Jahren war dieser kreative Bastelspaß ein Dauerhit bei großen und kleinen Bastlern.

Schmelzgranulat (Schmelzolan)

Polystyrolgranulat ist ein glasklarer Kunststoff, der industriell bunt eingefärbt wird. In der Industrie wird das Material z. B. zur Herstellung von Frischhaltebehältern, Verpackungen und in der Elektrotechnik verwendet.

Wichtige Hinweise

- Beim Schmelzen ist auf eine gute Raumbelüftung zu achten. Den Boden des Ofens mit Alufolie abdecken; so sind eventuell neben die Form gefallene Granulatkörner später einfacher zu entfernen.
- Lassen Sie nach dem Öffnen des Ofens zuerst die entstandenen Dämpfe abziehen.
- Kinder müssen beim Basteln mit Schmelzolan von Erwachsenen beaufsichtigt werden. Der Schmelzvorgang im Backofen ist nur von Erwachsenen durchzuführen!
- Beachten Sie unbedingt auch die Angaben der Hersteller zum Umgang mit dem Material.

Die Schmelzperlen für den Bastelbedarf sind – abgepackt in 100-, 200- und 1000-g-Beuteln – in mehreren Farben, einer bunten Mischung und einer nachtleuchtenden Farbe erhältlich.

Geschmolzen wird das in Formen ausgelegte Granulat grundsätzlich bei einer Temperatur von 150 bis 180 °C im Backofen (keine Umluft oder Mikrowelle!).

Nach dem Abkühlen ist das Material hart und formstabil.

Glimmer oder Glasperlen

Diese Zusätze streut man vor dem Schmelzen unter das Granulat, wenn das fertige Objekt festlich glitzern soll.

Schmelzformen

- Runde, glatte Metallplatten dienen als Schmelzunterlage.

Sie werden wie die

- Ausstechformen für Gebäck (nur aus Metall)

im Bastelhandel und in Haushaltswarengeschäften angeboten. Die gebrauchten Formen können mit ganz feiner Stahlwolle (Stärke 000) gereinigt werden.

- Aluminiumfolie der Stärke 0,15 mm wird als Bogenware in Bastel- oder Eisenwarengeschäften angeboten.

Daraus lassen sich individuelle Formen herstellen.

- **Folienstreifen**
sind schmale Abschnitte von Aluminiumfolie. Auch diese Streifen werden zum Biegen und Formen eigener Motiventwürfe verwendet. Gegenüber der in Aluminiumfolie eingedrückten Schmelzform (siehe Technik 2, Seite 8) bieten sie den Vorteil, dass damit tiefere Formen mit rechtwinkligen Wandungen gefertigt werden können. Die Folienstreifen sind abgepackt in Bastelgeschäften erhältlich.

Drähte

Sämtliche Drähte sind in Bastel- und Eisenwarengeschäften erhältlich.

- **Steckdrähte, blau geglüht (1 bis 1,2 mm stark)**
sind zum Durchstechen von Aufhängelöchern oder zum Aufstecken von Formteilen geeignet. Für die Fühler der Schmetterlinge und Libellen (siehe Seite 14 und 16) wird Steckdraht der Stärke 0,35 bis 0,5 mm verwendet.

- **Eisendraht, verzinkt (1 mm stark)**
zum Biegen und Andrahten von Modellen aller Art.

Klebstoff

Ab und zu müssen Einzelteile miteinander verbunden werden. Dazu verwenden Sie am besten UHU Kraft. Andere Kunststoffkleber haben oft den Nachteil, dass sie das Material anlösen.

Werkzeuge/Arbeitsgerät

Die wichtigsten Hilfsmittel, die zum Formen mit Schmelzgranulat außerdem benötigt werden, finden sich wohl in jedem Haushalt:

- **Teelöffel**
zum Einfüllen des Granulats in die Formen und zum Andrücken an die Formränder.

- **Metalldrückwerkzeug (siehe Foto Seite 9)**
dient zum Eindrücken der eigenen Motiventwürfe auf Aluminiumfolie. Das Werkzeug ist im Bastel- und Eisenwarenhandel erhältlich.

- **Bratenwender (aus Metall), Spachtel oder Flachzange**
zum Herausnehmen der heißen Formen

aus dem Ofen. Flachzangen werden insbesondere benötigt, um die Objekte beim Anschmelzen – z. B. über einer Lötlampe – zu halten.

- Blechschere/alte Haushaltsschere
zum Schneiden von Aluminiumfolie und feinen Drähten.

- Flach- bzw. Rundzangen
zum Ablängen und Biegen von Drähten und Folienstreifen (siehe Foto Seite 10).

- Kombizange
zum Abkneifen besonders hoher Schmelznasen und Kanten wie zum Ablängen stärkerer Steckdrähte.

- Feile/Schleifpapier
zum Entfernen hoher Schmelzkanten. Für den Feinschliff der Kanten wird das Schleifpapier verwendet.

- Paraffinkerzen
werden gleichfalls bei Bedarf zum Glätten gefeilter Schmelzkanten eingesetzt. Dazu die Schleifkanten über einer Kerzenflamme glatt schmelzen.

- Minischleifmaschine
Am einfachsten und schnellsten glättet man die Schmelzränder mit einem kleinen Minischleifgerät. Dieses eignet sich mit speziellen Einsätzen versehen auch zum Bohren, Fräsen und Gravieren von Kunststoff wie auch Glas. Achten Sie aber beim Bohren und Schleifen der Objekte darauf, nicht mit zu hohen Drehzahlen zu arbeiten, da durch die Hitzeentwicklung die Gefahr besteht, dass das Material wieder schmilzt.

- Feuerzeug/Lötlampe
Die einfachste Möglichkeit, Löcher für eine Aufhängung in die Schmelzobjekte zu bohren, besteht darin, einen festeren Steckdraht mit Hilfe eines Feuerzeugs oder einer Lötlampe zu erwärmen. Mit der erwärmten Drahtspitze wird dann zügig ein Loch in das Material gestochen. Eine Kerzenflamme hinterlässt unschöne Rußspuren.

- Heißluftfön
zum Erwärmen und Verformen der Objekte oder zum Glätten von Oberflächen und Kanten.

- Handschuhe
mit feiner Struktur; am besten geeignet sind Lederhandschuhe. Diese werden zum Verformen der Schmelzobjekte, z. B. zum Biegen von Schalen (siehe Seite 8), verwendet.

Grundtechniken Schritt für Schritt

Technik 1: Schmelzen – Bunte Scheiben

Zunächst ist es empfehlenswert, sich anhand einer einfachen Schmelzform mit dem Material vertraut zu machen und erste Erfahrungen zu sammeln. Wählen Sie für Ihre Scheiben vier Granulatfarben aus.

Das wird gebraucht

Schmelzolan, z. B. gelb, blau, rot, grün, farblos
runde Metallform, Ø 13,5 cm

So wird's gemacht

Von der Mitte aus beginnend befüllen Sie die runde Blechform kreisförmig mit Schmelzgranulat. Ein kleiner Löffel ist bei der Verteilung des Materials sehr hilfreich. Die Form wird etwa 1/2 cm hoch gefüllt. An den Rändern der Form drücken Sie das Granulat mit dem Löffelstiel an; dadurch lassen sich unschöne Schmelzkanten weitgehend vermeiden.

Stellen Sie die gefüllte Form vorsichtig in den Backofen auf die mittlere Backschiene. Die Schmelzdauer beträgt 20 bis 30 Minuten – je nach gewünschter Schmelzoberfläche und Schichthöhe des Materials.

Grobkörnig schmelzen
Bei dieser Schmelztechnik werden die Perlen nur angeschmolzen, sodass diese miteinander verkleben, die Körnerstruktur aber noch erhalten bleibt. Die Schmelzdauer für diesen Effekt beträgt 15 bis 20 Minuten; zwischendurch sollte man den Schmelzvorgang mehrmals kontrollieren.

Grobkörnig schmelzen und verziehen
Eine Variante ist das Verziehen der einzelnen Farbkreise ineinander. Dazu das

in der Schmelzform grob angeschmolzene Material mit dem Bratenwender aus dem Ofen nehmen und die Form auf eine hitzebeständige Unterlage stellen. Mit einem Steckdraht oder einer Stricknadel verziehen Sie nun das noch weiche Granulat von der Mitte ausgehend sternförmig nach außen.

• Tipp •

Sollte das Material bereits erkaltet sein, den Draht mit Hilfe einer Lötpistole erhitzen. So lässt sich das Granulat auch in diesem Stadium noch verziehen. Dabei aber zügig arbeiten!

Ist der gewünschte Effekt erzielt, stellen Sie die Form zum Abkühlen am besten an ein geöffnetes Fenster. Dabei zieht sich das Granulat zusammen, es knackt und klirrt. Sobald das Material völlig erkaltet ist, lässt es sich leicht aus der Metallform stürzen.

Gezogene Strukturen – glatt schmelzen
Wollen Sie die oben beschriebene Struktur des Materials weiter verändern, schmelzen Sie das Granulat für weitere 10 bis 15 Minuten im Ofen an. Dadurch entsteht nun eine glatte, glänzende Oberfläche, die gezogene Struktur bleibt erhalten.

Nach dem Erkalten stechen Sie mit einem an der Lötlampe erhitzten Steckdraht oder einer Stricknadel nach Wunsch ein Aufhängeloch durch die Schmelzform.

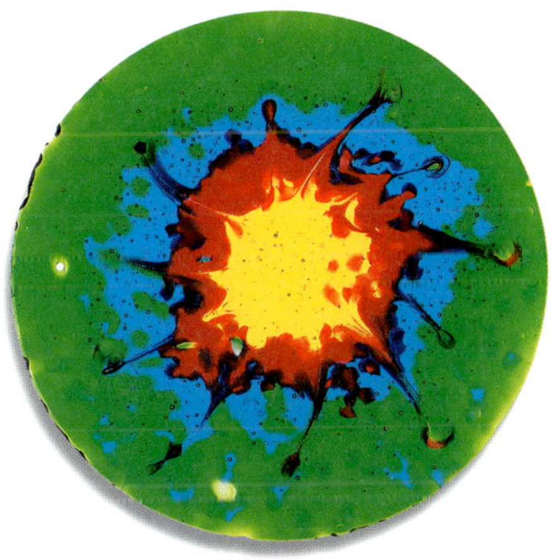

• Tipp •

Besonders leuchtende Farben erzielt man, indem vor dem Befüllen der Form farbloses Granulat untergemischt wird.

Technik 2: Formen mit Aluminiumfolie – Blütenschale

Vorlagenbogen Seite A

Das wird gebraucht

Aluminiumfolie
Drückwerkzeug
weicher, dicker Karton oder Moosgummi-Unterlage Motivvorlage (hier: Blüte)
Schmelzolan, farblos, gelb, orange, rot
Lederhandschuhe
passendes Glas zum Formen

Gebogene Schmelzmotive lassen sich beispielsweise als dekorative Schale für Obst oder ein Teelicht verwenden. Besonders apart für diesen Zweck wirkt ein Blütenmotiv.

So wird's gemacht

Übertragen Sie das ausgewählte Motiv von Ihrer Vorlage auf weißes, dünnes Papier oder verwenden Sie eine Kopie der Vorlage auf dem Vorlagenbogen.

Nun legen Sie diese Zeichnung auf die Aluminiumfolie und diese wiederum auf Ihre Unterlage. Das Motiv wird jetzt mit einem Kugelschreiber nachgezeichnet; dabei werden Umrisse und Innenlinien auf der Aluminiumfolie sichtbar.

Ziehen Sie die Linien nun ein zweites Mal mit der kleinsten Kugelspitze des Drückwerkzeuges nach. Anschließend die Folie wenden und von der Rückseite her je nach Motivgröße die Innenflächen mit der großen Kugelspitze oder dem Drücklöffel 4 bis 5 mm tief eindrücken.

• Tipp •

- Hilfreich ist es, die Aluminiumfolie hauchdünn mit Vaseline einzustreichen. Das Drückwerkzeug gleitet dadurch viel leichter über das Metall.
- Drücken Sie feine Blattadern, Blütenstempel und Strukturen mit in die Aluminiumfolie ein. Dadurch wirken die geschmolzenen Blüten besonders plastisch.

Befüllen Sie nun die vertiefte Blütenform in der Folie mit Schmelzgranulat; dabei von der Mitte aus mit dem Einstreuen beginnen. Mit einem Teelöffel wird das Granulat an den Formrändern angedrückt. Anschließend die fertig gestreute Form vorsichtig in den Ofen schieben und bei 150 bis 180 °C etwa 20 bis 30 Minuten glatt durchschmelzen.

Ist die Form glatt geschmolzen, wird Sie aus dem Ofen genommen und zum Abkühlen ans Fenster gestellt. Nach dem völligen Erkalten das Motiv aus der Form stürzen und gegebenenfalls die Ränder bearbeiten. Dazu verwenden Sie je nach Ausprägung der Kanten Schmirgelpapier, eine Feile oder – falls vorhanden – einen Minischleifer.

Zur Weiterbearbeitung die nunmehr geschliffene Blütenform auf eine in der Größe geeignete Unterlage – z. B. der Boden eines Trinkglases, Einmachglases o. Ä. – legen. Ist die Oberfläche des Glases rau oder uneben, empfiehlt es sich, das Glas mit Haushalts-Alufolie zu umwickeln. Anschließend das Gefäß mit dem Schmelzobjekt in den Ofen schieben und nochmals ca. 8 Minuten erwärmen, wodurch sich die Blütenscheibe verformt und der Glasform anpasst. Bei diesem Arbeitsschritt sollten Sie das Schmelzgut beobachten und aus dem Ofen nehmen, sobald die gebogene Form erzielt ist.

Mit einem fusselfreien Tuch, das Sie zum Schutz über die Form legen, oder mit Lederhandschuhen kann das Arbeitsstück nun noch weiter geformt werden. Dabei ist auf zügiges Arbeiten zu achten.

• Tipp •

Das Arbeitsstück kann jederzeit wieder im Ofen erwärmt oder nochmals glatt geschmolzen werden.

Technik 3: Formen mit Folienstreifen – Vogelreigen

Vorlagenbogen Seite A

Aus Aluminiumstreifen lassen sich kleinere Schmelzformen mühelos selbst herstellen. Besonderes Augenmerk muss dabei jedoch den Verbindungsstellen gelten.

Das wird gebraucht

Schmelzolan, gelb, grün, blau, lila, farblos, orange, rot
Bananenseidenpapier, gelb, orange, rot
Motivvorlage (hier: Vogel)
Aluminiumstreifen
Window-Color-Farbe, schwarz

So wird's gemacht

Formen Sie nach der Vorlage die Kontur des Motivs aus Folienstreifen nach und lassen Sie an beiden Enden des Streifens etwa 1 cm Folie zum Umschlagen überstehen. Mit einer Flachzange biegen Sie die übereinander gelegten Bandüberstände ca. 1/2 cm um und pressen diese fest zusammen. Zum besseren

Halt den Rest der Überstände nochmals in gleicher Weise umbiegen und zusammenpressen. Zum Durchstecken der Flügel aus Bananenseidenpapier wird in gleicher Arbeitsweise ein Ring mit 2,5 cm Durchmesser gefertigt.

Die fertig gebogene Vogelform legen Sie nun auf ein Blech und setzen den Ring in die Körpermitte. Für jeden Vogel werden zwei Granulatfarben miteinander gemischt, z. B. Gelb und Grün, und in die Form gefüllt; wird farbloses Granulat beigemischt, kommen die Farben besonders leuchtend zur Geltung. Ausgespart bleibt das Ringinnere. Ein kleiner Löffel zum Glattstreichen und Andrücken des Granulats an den Formrändern (mit dem Stiel) erleichtert die Arbeit.

Die Form im Ofen bei 150 bis 180 °C etwa 20 Minuten glatt schmelzen. Anschließend aus dem Ofen nehmen und abkühlen lassen. Bei Bedarf werden nach dem Erkalten die Ränder mit einer Feile oder mit Schleifpapier geglättet. Mit einem erwärmten Steckdraht (Feuerzeug oder Lötpistole) stechen Sie ein Loch für die Aufhängung.

Für die Flügel wird jeweils ein 10 x 35 cm großes Seidenpapierrechteck fächerartig in 2 cm breite Streifen gefaltet und mittig in die Körperöffnung des Vogels eingesteckt. Mit Window-Color oder Acrylfarbe setzen Sie zum Schluss beidseitig die Augen auf.

• Tipp •

Wenn Sie den Backofen vorheizen, verringert sich die angegebene Schmelzdauer um ca. 5 Minuten.

Technik 4: Ausstechformen – Von Herzen

Vorlagenbogen Seite A

Mit Ausstechformen lassen sich Schmelzobjekte natürlich besonders schnell und problemlos anfertigen. Leuchtende, feurige Herzen eignen sich als Mitbringsel für beinahe jeden Anlass.

Das wird gebraucht

Schmelzolan, farblos, blau, gelb, orange, purpur
Eisendraht, verzinkt, ca. 5 m lang, 1 mm stark
Ausstechformen »Herz«, groß

So wird's gemacht

Zunächst mischen Sie die Granulatfarben untereinander – z. B. Orange und Gelb oder Purpur bzw. Blau mit farblosen Perlen. Die Ausstechformen mit der Mischung befüllen und vorsichtig in den Ofen schieben. Bei 150 bis 180 °C werden die Herzen nun ca. 20 Minuten glatt geschmolzen. Die Formen anschließend aus dem Ofen nehmen, erkalten lassen und stürzen. Bei Bedarf glätten Sie die Ränder der Herzen mit Schleifpapier oder einer Feile.

Biegen Sie nun mehrere Stücke des Eisendrahts mit einer Rund- oder Kettelzange nach Vorlage am Ende spiralförmig ein. Die fertig gebogenen und

• Tipp •

- Beim Eindrücken von Drähten kann verflüssigtes Granulat herausquellen. Dieses Material lässt sich mit einem Messer beim Abkühlen des Granulats leicht entfernen.
- Durch erneutes Anschmelzen – für 4 bis 5 Minuten im Ofen oder manuell mit einer Lötpistole – können matte Schleifstellen an den Rändern wieder zum Glänzen gebracht werden.
- Bricht beim Schleifen oder Bohren der Motive einmal ein Stück vom Motiv ab, ist das nicht schlimm: Setzen Sie das Teil einfach wieder in seine Schmelzform und schmelzen Sie das Motiv nochmals für etwa 5 Minuten an.

nach Wunsch abgelängten Drahtstücke auf einem Blech anordnen und die Schmelzherzen jeweils vorsichtig auflegen. Im Ofen werden die Herzen jetzt nochmals etwa 5 bis 8 Minuten erwärmt; dabei verbindet sich der Draht mit dem Schmelzmotiv. Danach die Herzen aus dem Ofen nehmen und abkühlen lassen.

Der Steckdraht für die Herzen wird nach dem Erkalten z. B. mit der Lötpistole erhitzt und zügig in die Herzunterseite eingeschoben. Für die Spiralfedern am mittleren Herz wickeln Sie ein Stück Eisendraht um ein Rundholz oder einen Bleistift. Ein Ende wieder mit der Lötpistole oder dem Feuerzeug erhitzen und zügig in die Herzmitte eindrücken.

Frühlings-erwachen

Vorlagenbogen Seite A

Ein Stillleben in leuchtenden Farben, an dem die klassischen Frühlingsboten beteiligt sind.

Das wird gebraucht

Schmelzolan, farblos, gelb, orange, blau, grün, lila, braun
je 1 runde Metallform, Ø 22 und 13,5 cm
Aluminiumfolie
Drückwerkzeug
2 Indianerperlen, braun, Ø 5 mm
Steckdraht, dünn
Satinband, gelb, 1 m lang, 5 mm breit

So wird's gemacht

Die Schmelzform für den Ring entsteht, indem Sie die beiden runden Metallformen ineinander setzen und den Raum zwischen innerer und äußerer Form mit bunt gemischtem Granulat auffüllen. Anschließend in den Ofen schieben und grob schmelzen (siehe Technik 1, Seite 6).

Für die Tulpen und die Libelle fertigen Sie eine Form aus Aluminiumfolie an (siehe Technik 2, Seite 8). Nach dem Füllen mit Granulatfarben Ihrer Wahl werden die Motive im Backofen glatt geschmolzen (siehe Technik 1, Seite 7). Abkühlen lassen und gegebenenfalls die Ränder bearbeiten.

Jetzt erhält die Libelle noch zwei kurze Fühler aus feinem Steckdraht. Dazu fassen Sie die Steckdrahtstücke mit einer Zange, erwärmen die Enden mit einer Lötpistole und drücken diese zügig in den Libellenkopf ein. An den Fühlerenden werden mit Klebstoff kleine Perlen befestigt.

Ordnen Sie die Tulpen und die Libelle auf dem Ring an und kleben Sie die Motive mit UHU Kraft auf. Abschließend das Loch für die Aufhängung am Ring durchstechen und ein gelbes Satinband befestigen.

Bunte Frühlingswiese

Vorlagenbogen Seite A

Die bunte »Streuwiese« für Ihr Fenster. Gans, Schmetterling und Tulpen gehören unbedingt dazu.

So wird's gemacht

Die Schmelzformen für die Tulpen, Gänse und Schmetterlinge werden nach Vorlage als Folienform (siehe Technik 2, Seite 8) gefertigt.

Besondere Leuchtkraft gewinnen die Schmelzobjekte, wenn Sie vor dem Füllen der Formen ähnliche Granulatfarben mischen, also z. B. Gelb und Orange oder Blau und Lila. Geben Sie jeder Mischung noch ein Drittel farblose Schmelzperlen bei, das fördert die Farbbrillanz zusätzlich.

Das wird gebraucht

Schmelzolan, farblos, gelb, orange, rot, blau, grün, lila, purpur, braun, bunt gemischt
Aluminiumfolie
Drückwerkzeug
Steckdraht, dünn
je 2 Indianerperlen, goldgelb und grün glänzend, Ø 2,5 mm
je 30 cm Karoband, blau und orange, 6 mm breit
Perlonfaden
Window-Color-Farbe, schwarz

Im Ofen werden die Motive glatt geschmolzen (siehe Technik 1, Seite 7), nach dem Erkalten gegebenenfalls noch bearbeitet und mit Perlonfäden in einem attraktiven Arrangement aufgehängt.

Die Augen für die Gänse entstehen mit Window-Color; außerdem binden Sie ihnen ein adrettes Schleifchen aus schmalem Band um den Hals.

Enorm transparent wirken die Schmetterlinge, für deren Gestaltung zahlreiche Farbvarianten möglich sind. Die lustig gepunkteten Exemplare entstehen aus der fertig angebotenen bunten Granulatmischung – unter Zusatz von farblosen Perlen, sodass sie vor allem durchsichtig erscheinen. Genauso gut können Sie aber auch mit einzelnen Farben in einer transparenten Granulatschicht Punkte, Flecken oder Farbränder aufstreuen. Für die Fühler werden erhitzte Steckdrahtstücke am Kopf aufgesteckt, die Enden bekleben Sie mit Perlen.

• Tipp •

Noch lebendiger können die zarten Schmetterlinge gestaltet werden, wenn Sie diese nach dem Erkalten und Schleifen entweder im Ofen oder mit einem Heißluftfön nochmals erwärmen. Auf diese Weise lassen sich mit Handschuhen an bestimmten Stellen die Flügel noch leicht verformen (siehe Technik 2, Seite 8).

Hasentreffen

Vorlagenbogen Seite B

Ein fröhliches Hasen-Stelldichein, das z. B. an einem bunten Osterstrauß oder im Grünen seine volle Wirkung entfaltet.

Das wird gebraucht

- Schmelzolan, gelb, orange, rot, grün, braun
- Aluminiumfolie
- Drückwerkzeug
- Window-Color- oder Acrylfarbe, schwarz (nach Wunsch)
- Naturbast
- Perlonfaden

So wird's gemacht

Die Schmelzform der frechen Hasen und zugehörigen Möhren wird nach Vorlage als Folienform (siehe Technik 2, Seite 8) angefertigt.

Für die Hasen mischen Sie gelbes, orangefarbenes und braunes Granulat, das Sie in die Formen füllen. Mit gelbem Granulat farblich hervorgehoben werden dabei die Hasenschwänzchen. Die Karottenformen mit orangefarbenem und grünem Granulat füllen, zusätzlich einzelne rote Schmelzperlen auf den Möhren verteilen.

Nach dem Schmelzen und anschließenden Bearbeiten der Motive stechen Sie mit erwärmtem Draht die Aufhängelöcher durch (siehe Seite 5 und 7). Nach Wunsch Augen aufmalen und die Karotten einzeln an langen Perlonschnüren auffädeln; sie werden an der Hasenunterseite befestigt. Zum Schluss kleben Sie kleine gebundene Naturbastbüschel an den Hasenfüßen an und dekorieren die am Kopf aufgefädelten Hasen.

• Tipp •

An einem Ring oder Stab befestigt, tanzen die frechen Langohren als Mobile im Zimmer umher.

Blütendekoration

Bunt, witzig und frech – die blumigen Kerzenleuchter, Glasuntersetzer oder die Knabberschale.

Das wird gebraucht

je 1 runde Metallform, Ø etwa 10 und 13,5 cm
Satz Ausstechformen mit 5 verschiedenen Blütengrößen
Teelichter, Ø 3-4 cm
Folienstreifen
Schmelzolan, gelb, grün, orange, rot, blau, farblos
Kerzen

So wird's gemacht

Kerzenleuchter
Für die Kerzenleuchter verwenden Sie unterschiedlich große Blüten-Ausstechformen und stellen leere Teelichtbehälter in die Mitte. Der Zwischenraum zwischen Teelicht und Formrand wird mit einer Mischung aus verschiedenfarbigen Granulaten gefüllt. Die kleinen »Streublumen« entstehen aus den kleinsten Ausstechformen ohne Loch in der Mitte (siehe auch Technik 4, Seite 12).

Glasuntersetzer/Knabberschale
Grundform für die Glasuntersetzer ist die kleinere runde Metallform, für die Knabberschale die größere. In diesen Rundformen platzieren Sie zwei verschieden große Blüten-Ausstechformen und füllen die Zwischenräume mit Schmelzgranulat. Anschließend die beiden Ausstechformen vorsichtig hochziehen und die gefüllte Form in den Ofen stellen.

Schmelzen und Fertigstellen
Sämtliche Blütenobjekte werden im Backofen glatt geschmolzen (siehe Technik 1, Seite 7); nach dem Abkühlen die Kanten schleifen (siehe Seite 5).

Die Knabberschale aus dem Ofen nehmen und noch im weichen Zustand mit einem fusselfreien Tuch oder mit Lederhandschuhen leicht zu einer Schale biegen. Alternativ kann man die Schmelzscheibe auch auf eine kleine Glas- oder Keramikschale legen und nochmals für einige Minuten im Ofen anschmelzen (siehe Technik 2, Seite 8).

Treffpunkt Blumentopf

Vorlagenbogen Seite A

Schaukelnd-schwingende Vögel und farbenprächtige Libellen über den Pflanzen – so kommt ein Hauch Exotik in Ihr Heim ...

Das wird gebraucht

Aluminiumfolie
Drückwerkzeug
5 Rundholzstäbe, Ø 6 mm
ca. 3 m Eisendraht, verzinkt, Ø 1 mm
Acrylfarben

Vögel
Schmelzolan, gelb, grün, orange, rot, farblos

Libellen
Schmelzolan, blau, rot, braun, gelb, grün
Steckdraht, dünn
4 Indianerperlen, braun, Ø 5 mm

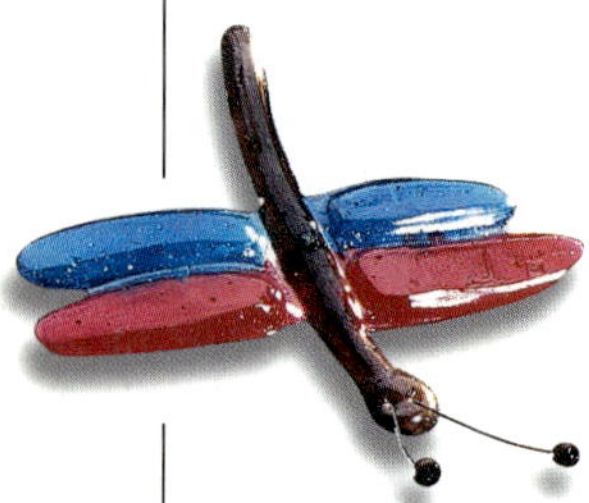

So wird's gemacht

Stellen Sie aus Aluminiumfolie nach Vorlage die Schmelzformen für Vögel und Libellen her (siehe Technik 2, Seite 8). Anschließend die Formen mit farbigem Granulat füllen, im Backofen glatt schmelzen (siehe Technik 1, Seite 7) und nach dem Abkühlen bei Bedarf schleifen.

Die Flügel und der Schwanz der Vögel wirken besonders plastisch durch Aufschmelzen einer zweiten Granulatschicht. Dazu werden weitere Perlen sowie eine einzelne Perle als Auge auf die glatt geschmolzene Grundform aufgelegt und dann im Ofen 4 bis 5 Minuten grob angeschmolzen (siehe Technik 1, Seite 6).

Für die Fühler der Libelle zwei kurze Steckdrahtstücke mit einer Zange fassen, erwärmen und zügig in den Kopf eindrücken. An den Fühlerenden jeweils eine kleine Perle aufkleben.

Mit einem erwärmten Steckdraht stechen Sie nun ein kleines Loch für die Aufhängung der Vögel durch. Zum Einhängen biegen Sie zwei kleine Ösen an einem kurzen Stück Draht, wobei die obere Öse als Verbindung und Gelenk zum Haltedraht fungiert. Dieser wird spiralig auf den vorher passend mit Acrylfarben bemalten Rundstäben aufgewickelt. Den Draht für die Libellen genauso auf den Rundstab aufwickeln; lassen Sie hier jedoch ein kurzes Stück gerade nach oben stehen. Dann das Drahtende erwärmen und von unten in den Libellenkörper eindrücken.

Schmuck & Co.

Vorlagenbogen Seite B

Mit minimalem Aufwand entstehen im Handumdrehen aus Schmelzgranulat allerlei nützliche oder schmückende Kleinigkeiten. Sie müssen nur noch das notwendige Zubehör anbringen ...

Das wird gebraucht

Schmelzolan, blau, gelb, grün, orange, rot, farblos
Aluminiumfolie
Drückwerkzeug
Ausstechformen »Kreis« (Ø 40 mm), »Raute«, »Blüte«, »Delfin«, »Bär« (klein, groß), »Elefant«
Glassteine, Ø 10 mm
entsprechende Anbringung, z. B. Schlüsselringe, Bänder, Lederriemen etc.
Wackelaugen
Satinband, schmal

So wird's gemacht

Für den Salamander fertigen Sie nach der Vorlage eine Folienform an (siehe Technik 2, Seite 8), alle anderen Schmuckteile wurden mit Ausstechformen in Technik 4 (siehe Seite 12) hergestellt.

Nach dem Schmelzen drücken Sie in das noch weiche Material nach Belieben farbige Glassteine ein.

Zur Anbringung der Schlüsselringe oder zum Einziehen von Lederriemen für Anhänger stechen Sie mit einem erwärmten Steckdraht ein Loch durch die Motive; Broschennadeln, Haarspangen oder Magnete werden mit UHU Kraft auf der Rückseite der Formen befestigt.

Kleine Wackelaugen und Schleifchen zieren die »lebendigen« Zeitgenossen.

So wird's gemacht

Die Ausstechformen mit farbig gemischtem Schmelzgranulat füllen (siehe Technik 4, Seite 12). Je mehr farblose Perlen Sie beimischen, desto leuchtender werden die Farben. Die große Blüte und das Tortenförmchen dienen später als Sockel.

Freundliches Küchenmemo

Ob in der Küche oder Garderobe – überall dort, wo Sie sich an bestimmte Dinge erinnern wollen, ist dieser originelle Ständer genau richtig am Platz.

Das wird gebraucht

Schmelzolan, farblos, blau, grün, gelb, orange, rot
Steckdraht
Ausstechformen »Männchen«, »Tropfen«, »Blüte« (groß, klein)
Tortenförmchen, klein

Alle Formen glatt schmelzen (siehe Technik 1, Seite 7) und bei Bedarf nach dem Aushärten mit einer Feile nacharbeiten.

In die Blätter und Blüten schieben Sie an einer Lötlampe erwärmte Steckdrahtstücke unterschiedlicher Länge ein, anschließend werden diese am anderen Ende erhitzt und in den Sockel gesteckt. Auch für das Männchen kneifen Sie zunächst ein längeres Drahtstück ab; ist dieses in einem der Beine von der Unterseite befestigt, wird der Draht entsprechend gekürzt und mit dem erwärmten Ende am Sockel aufgesteckt.

Maritimer Fensterbaum

Vorlagenbogen Seite B

Sommer, Meer und Sonne – kleine Urlaubserinnerungen in dauerhafter Form, mit denen der Glanz wiederkehrt ...

So wird's gemacht

Fertigen Sie aus Aluminiumfolie nach Vorlage die Formen für die Schiffe und Seesterne an (siehe Technik 2, Seite 8). Anschließend füllen Sie die Folienformen mit farbigem Granulat, wobei bei den Segelschiffen der Mast aus einem Steckdrahtstück mit in die gestreute Form eingelegt wird. Für die Delfine die Ausstechform blau füllen (siehe Technik 4, Seite 12).

Nachdem alle Motive glatt geschmolzen (siehe Technik 1, Seite 7) und erkaltet sind, stechen Sie mit einem erwärmten Steckdraht die Aufhängelöcher durch. Die Segelschiffe können Sie auch am Fähnchen befestigen.

Den Fensterbaum mit blauer Acrylfarbe bemalen und mit Perlonfaden die einzelnen Motive aufhängen. Ein maritimes, zu Schleifen gelegtes Band schmückt den Baum.

Das wird gebraucht

- Fensterbaum, hängend, ca. 40 cm lang
- Schmelzolan, gelb, orange, rot, blau, grün
- Ausstechform »Delfin«
- Aluminiumfolie
- Drückwerkzeug
- Steckdraht
- 80 cm Dekoband, bunt gestreift
- 1,50 m Kordel, grün
- Acrylfarbe, blau
- Perlonfaden

Nichts vergessen!

Bei so schmucken Zettelhaltern fällt das Erinnern doch gleich noch mal so leicht!

Das wird gebraucht

Schmelzolan farblos, blau, grün, orange
Ausstechform »Elefant«, »Tanne«, »Bär«, »Mond«, »Halbkugel«
Steckdraht
Spanndraht, 2 mm stark
Krokodilklemmen (Elektrohandel)
Streuglimmer silber

So wird's gemacht

Die Ausstechformen mit Schmelzgranulat füllen. Wenn es weihnachtlich glitzern soll, dem Granulat Glimmerpulver beimischen.

Die Verbindung zwischen Sockel und Figur erfolgt mit einem kurzen Draht. Dazu ein Stück Steckdraht erhitzen und zügig in die Unterseite der Figur eindrücken. Abkühlen lassen und auf eine Länge von 1,5 cm zurückschneiden. Nun die abgelängte Drahtspitze kurz erwärmen und den Draht auf den Sockel drücken. Um später den Papierhalter aufsetzen zu können, benötigen die Figuren noch eine weitere Öffnung. Dazu den Steckdraht erwärmen und damit ein Loch in der Figuroberseite vorstechen. Einen 15 bis 20 cm langen Spanndraht ablängen und an einer Seite mit einer Krokodilklemme versehen. Das Drahtende erhitzen und in die Öffnung eindrücken.

Sternlichter

Einfache Untersetzer für eine stimmungsvolle Kerzendekoration, die spielerisch durch zusätzliche Elemente ergänzt werden kann.

Das wird gebraucht

Austechformen »Stern« (groß, mittelgroß), »Mond« (mittelgroß)
Schmelzolan, gelb, rot, blau
Streuglimmer, gold
Windlichtgläser, Ø ca. 40 mm (Boden)
Haushalts-Alufolie
passende Kerzen

So wird's gemacht

Für den Untersetzer wählen Sie eine große Stern-Ausstechform, für die Streuteile kleinere Formen aus und befüllen Sie diese mit Granulat (siehe Technik 4, Seite 12). Sollen die Untersetzer weihnachtlich glitzern, streuen Sie Glimmer zwischen die Schmelzperlen.

Die Formen anschließend im Ofen glatt schmelzen (siehe Technik 1) und nach dem Erkalten bei Bedarf die Ränder glätten. Dann setzen Sie die Sterne auf ein Blech und geben diese erneut in den Ofen, wo sie für 5 bis 8 Minuten noch einmal erwärmt werden.

Stellen Sie dann das Blech auf eine hitzebeständige Oberfläche und drücken Sie in die Mitte der noch weichen Granulatmasse zügig ein passendes Windlichtglas ein. Der Boden des Glases wird zum Schutz zuvor mit Alufolie eingepackt. Dadurch erhält der Stern eine leichte Vertiefung, in der das Glas mit der Kerze besser steht.

Weihnachts-parade im Fenster

Vorlagenbogen Seite B

Schöner kann Weihnachten kaum sein ... Mit diesem festlichen Fenster steigert sich die Vorfreude ganz erheblich.

Das wird gebraucht

Schmelzolan, farblos, gelb, orange, rot, blau, lila, grün, braun
Folienstreifen
Aluminiumfolie
Drückwerkzeug
Ausstechformen »Stern« (groß, mittelgroß), »Kreis« (Ø 40 mm), »Stiefel« (groß), »Glocke« (groß)
Steckdraht, dünn
Streuglimmer, gold
Rocaillesperlen, grün glänzend, Ø 2,5 mm
Perlonfaden oder dünne Goldkordel

So wird's gemacht

Zunächst stellen Sie die notwendigen Schmelzformen her. Mond, Tanne und Kerze werden nach Vorlage aus Aluminiumfolie angefertigt (siehe Technik 2, Seite 8), für die beiden Weihnachtsstern-Blüten formen Sie aus Folienstreifen nach Vorlage ein Blütenblatt (siehe Technik 3, Seite 10).

Die fertigen Schmelzformen werden anschließend zusammen mit den Ausstechformen mit farbigem Granulat aufgefüllt, wobei jeweils Folgendes zu beachten ist:

Für Mond und Tanne fügen Sie dem Granulat feinen Goldglimmer und kleine glänzende Perlen hinzu. Bei der Kerze wird ein kurzes Drahtstück als Docht mit eingeschmolzen.

Die kleinen lila und gelben Sterne entstehen, indem Sie in die Mitte der Ausstechform einen aus Folienstreifen geformten kleinen Ring setzen (siehe Foto Seite 10); anschließend nur den Zwischenraum mit Granulat ausfüllen.

Für die Weihnachtssternblüte benötigen Sie einmal sechs, einmal sieben einzeln geschmolzene Blütenblätter und jeweils eine mit der kreisförmigen Ausstechform gebildete Blütenmitte. Sind alle Teile vorhanden, ordnen Sie die Blätter auf einem Blech so zur Blüte an, dass sich die Spitzen mittig leicht berühren. Anschließend die Formen im Ofen 5 bis 7 Minuten erwärmen, das Blech herausnehmen und zügig die kleinen Kreisscheiben als Blütenmitte aufdrücken.

Sämtliche Motive werden nach dem Füllen der Formen im Ofen glatt geschmolzen (siehe Technik 1, Seite 7), zum Abkühlen ans geöffnete Fenster gestellt und nach dem Erkalten gegebenenfalls mit Schmirgelpapier oder Feile an den Kanten geglättet. Bei dem Stiefel, der Glocke und der Kerze streuen Sie danach noch farblose Perlen auf und schmelzen diese im Backofen für ca. 5 Minuten leicht an. Wieder abkühlen lassen.

Zum Schluss mit einem erwärmten Steckdraht überall die Aufhängelöcher stechen und die Motive mit Perlonfaden oder Goldkordel aufhängen.

Die Deutsche Bibliothek – CIP-Einheitsaufnahme

Ein Titeldatensatz für diese Publikation ist bei Der Deutschen Bibliothek erhältlich.

Die Autorin dankt der Firma Heintze & Blanckertz GmbH für ihre großzügige Materialspende.

Schmelzolan® ist ein eingetragenes Warenzeichen der Heintze & Blanckertz GmbH, Frankfurt am Main.

Die im Buch veröffentlichten Ratschläge wurden von Verfasserin und Verlag sorgfältig erarbeitet und geprüft. Eine Garantie kann dennoch nicht übernommen werden. Ebenso ist die Haftung der Verfasserin bzw. des Verlages und seiner Beauftragten für Personen-, Sach- und Vermögensschäden ausgeschlossen.

Fotografie: Klaus Lipa, Diedorf bei Augsburg
Arbeitsfotos Seite 10/21: Sigrid Heinzmann
Lektorat: Eva-Maria Müller, Augsburg
Umschlagkonzeption: Kontrapunkt, Kopenhagen
Umschlaglayout: Angelika Tröger
Reihenkonzeption: Kontrapunkt, Kopenhagen
Layout: Anton Walter, Gundelfingen

AUGUSTUS VERLAG, München 2000

Satz: Gesetzt aus 9,5 Punkt The Sans von DTP-Design Walter, Gundelfingen
Reproduktion: GAV Prepress, Gerstetten
Druck und Bindung: Offizin Andersen Nexö, Leipzig

Gedruckt auf 135 g umweltfreundlich chlorfrei gebleichtes Papier.

ISBN 3-8043-0817-1

Printed in Germany